LA FABRICATION

DU

FROMAGE DE ROQUEFORT

LA FABRICATION

DU

FROMAGE DE ROQUEFORT

PAR

NOËL ROUCHÈS

OFFICIER DU MÉRITE AGRICOLE

Ouvrage publié sous le patronage de la

Société Française d'Encouragement à l'Industrie Laitière

33, RUE JEAN-JACQUES-ROUSSEAU, 33

PARIS

AVEC 14 GRAVURES DANS LE TEXTE

PARIS

IMPRIMERIE NOIZETTE ET C\ie

8, RUE CAMPAGNE-PREMIÈRE, 8

1898

PRÉFACE

La *Société française d'encouragement à l'Industrie laitière* a pris l'habitude, depuis quelques
années, d'organiser,à certaines dates,des concours
de monographies pour la fabrication de tel ou tel
fromage.

En 1896, le sujet mis au concours était « la fabrication du fromage de Roquefort ». Les manu-
scrits sont arrivés en grand nombre au siège de la
Société et, constatation que nous sommes heureux
de faire, le niveau de ces ouvrages était bien au-
dessus de la médiocrité.

Le premier prix du concours a été remporté par
M. Paul Lebrou, ingénieur à Roquefort (Aveyron);
le deuxième prix par M. Marre, professeur d'agriculture de l'Aveyron, à Rodez; le troisième prix
par M. Léon Baury, rue des Archives; le qua-
trième prix, par M. Rigaux, professeur d'agriculture à Mende (Lozère).

En outre des mentions honorables ont été
accordées à MM. :

E. Carrière,

Ernest CORD,
Lucien DUTRONE,
Albert SÉRAPHIN.

L'intention de la *Société française d'encouragement à l'Industrie laitière* était tout d'abord de publier l'ouvrage ayant mérité le premier prix. Mais, étant donné le niveau élevé du concours et, partant, le peu de différence qui existe entre chacune des huit premières monographies, la *Société* a pensé qu'il valait mieux résumer en un seul livre les huit ouvrages en question.

C'est ce travail que nous avons le plaisir de présenter, au nom de la Société française d'encouragement à l'industrie laitière, au lecteur.

NOËL ROUCHÈS,

Secrétaire-adjoint de la Société française
d'encouragement à l'Industrie laitière.

Paris, le 1er décembre 1898.

LA FABRICATION

DU

FROMAGE DE ROQUEFORT

I

Situation de Roquefort.

Au pied d'une de ces grandes tables, hautes et épaisses, plateaux calcaires, qui composent les Causses, se trouve le village de Roquefort, dont le nom est célèbre dans le monde entier.

Ce village de 900 habitants doit sa célébrité à l'universelle réputation de ses produits, et cette réputation à son exceptionnelle situation géologique.

L'espèce de table, au pied de laquelle se trouve Roquefort, est en réalité un énorme bloc de rocher nommé le « Cambalou » qui, à une époque préhistorique, se détacha du plateau calcaire du Larzac, lequel, par son altitude et sa superficie, est l'un des plus remarquables de notre beau pays de France. La secousse que provoqua la rupture de l'immense rocher et du plateau, fit rouler, au pied même du géant, une quantité considérable de grosses pierres qui constituèrent l'éboulis sur lequel est bâti Roquefort.

Pendant six mois de l'année, d'octobre à mars, le village est à l'abri des rayons du soleil, grâce à l'orientation du « Cambalou ». Aussi le froid qui, pendant la moitié d'une année, pénètre très profondément dans le sol, maintient frais le sous-sol où sont placées les caves. Ces caves sont en outre dans une situation tout à fait avantageuse, par la nature même de l'éboulis sur lequel est bâti Roquefort.

Cet éboulis, en effet, formé, comme nous l'avons dit, de débris de rochers qui roulèrent là pêle-mêle, est sillonné d'une multitude de fissures, appelées « fleurines », que parcourent des courants d'air frais et humide.

Telle est, rapidement exposée, la situation du petit village dont les fromages sont appréciés par les gourmets de tous les pays.

Nous devons dire cependant, pour être complet, que les terrains formés d'éboulements étant assez nombreux dans la région des Causses, on a pu créer, aux environs de Roquefort, des caves à

Vue de Roquefort

peu près semblables à celles de ce village, mais bien inférieures. On les désigne d'ailleurs sous le nom de « caves bâtardes ». On en trouve principalement dans les localités suivantes : Le Matorel, Armalières, Sainte-Eulalie, Saint-Beaulize, Cornus, Le Frayssinel, etc.

II

Aperçu historique.

A quelle époque remonte exactement l'origine de la fabrication des fromages de Roquefort? Il est difficile d'être précis sur ce point. Ce qui est certain c'est que Pline, le naturaliste, recevait à Nîmes des fromages du *mont Luzara* qui n'étaient autres que des fromages de Roquefort. Mais, sans remonter à des dates aussi anciennes, nous voyons que Bosc, dans ses *Mémoires sur l'histoire de Rouergue*, cite une charte, datant du règne de Philippe Ier (an 1070) et dans laquelle il est dit que Frotard de Cornus s'engage à donner au monastère de Conques, deux fromages qui doivent lui être payés annuellement par chacune des caves de Roquefort.

En 1411, des lettres patentes de Charles V défendent de saisir les fromages qui sont dans les caves de Roquefort, pour cause de dettes, sauf à défaut d'autres biens meubles. Dans ces lettres, il est expliqué qu'à Roquefort il n'y a ni vin, ni blé, sauf du blé de mars, et qu'il y a des caves « moult « froides en l'esté esquelles les gens du païs d'en- « viron qui ont fromaiges les y aportent pour les

« illec couroyer (arranger) et mieulx assaisoner
« et prennent la peyne et diligence moiennant
« certain argent à aultres proffits qu'ils ont et
« prennent de ceulx à qui sont les fromaiges dont
« les dicts supplians gaignent leur pain et sous—
« tiennent leurs povres vies (1) ».

Les lettres patentes octroyées en 1411 par
Charles V furent confirmées par François Ier, en
1518, par Henri II, en 1550, par François II, en
1560, et par Louis XIII, en 1619.

Une pièce de procédure, datée de 1439, nous fait
connaître que la communauté de Roquefort reven-
diquait le droit de percevoir chaque année à la
Saint-Luc une « forme » de chaque personne
apportant des fromages pour les préparer et les
saler dans les caves, destinant le produit de ces
fromages à la réparation des murs, fortifications
et autres charges du dit lieu.

En 1547, un « arrentement » de la dîme des
fromages est consenti par la communauté de
Roquefort à un nommé Fabre, moyennant huit
quintaux trois pezes et demi de fromage.

En 1550, les habitants de Roquefort sollicitent
du Parlement de Toulouse un arrêt qui leur assure
le privilège de la fabrication des fromages.

En 1554, le juge-mage de Rouergue étant venu
à Saint-Affrique, à l'occasion d'un procès entre

(1). Extrait d'un document recueilli par M. Lempereur,
archiviste départemental de l'Aveyron.

les consuls de cette ville et l'évêque de Vabres, on lui offre des fromages de Roquefort, comme un présent digne d'un homme de son importance.

Vers 1670, un deuxième édit du Parlement de Toulouse confirmait celui de 1550. Enfin plus tard, des hommes distingués, savants ou praticiens, s'occupèrent de Roquefort et de ses fromages. Trévoux (1704), Chaptal (1787), Alexis Monteil (an X), Giron de Buzareingues, Roche-Lubin, vers 1840, Limousin-Lamothe, Blondeau, et en ces derniers temps Duclaux, ont fait l'étude de cette branche importante de l'industrie nationale. En 1890, Ivalas a publié sur Roquefort une étude très complète, et qui tire son intérêt des renseignements précis puisés sur place et à bonne source.

A vrai dire, ce n'est guère qu'à partir de 1840 que l'industrie du Roquefort s'est développée et qu'elle a cessé d'être une industrie locale. En effet, tandis qu'à cette époque, Roquefort affinait dans ses caves 900.000 kilogrammes de fromage, il s'en affine aujourd'hui plus de 6 millions de kilogrammes !

III

Production du lait.

Cette énorme quantité de fromage devrait être fabriquée exclusivement avec du lait de brebis, le lait de vache étant inapte à donner du bon Roquefort.

Il en était ainsi autrefois, ainsi que le relate Monteil, en 1802, dans sa *Description du département de l'Aveyron.*

« On n'emploie pour faire le fromage de Roque-
« fort, écrivait-il, que le lait de brebis, auquel on
« ajoute, en beaucoup d'endroits, un peu de lait
« de chèvre; la plus petite quantité de celui de
« vache suffirait pour en altérer la qualité. »
Mais, depuis que l'industrie du fromage de Roquefort s'est étendue à tout le département de l'Aveyron et même à une partie des départements limitrophes, on a modifié cette manière de voir et, sur certains points de la région, on ajoute une assez notable proportion de lait de vache. Il va sans dire que ce n'est pas en ces endroits que se fabrique le meilleur Roquefort. L'emploi du lait de vache étant, en somme, l'exception, nous ne nous occuperons que du lait de brebis.

De variétés diverses, les brebis qui fournissent
leur lait dans la région de Roquefort sont presque
toutes issues de la race pyrénéenne de Sanson, qui,
au commencement du siècle, peuplait tout le midi

Jeune bélier de la race du Larzac

de l'Aveyron et les parties adjacentes du Tarn, de
l'Hérault et du Gard.

Elles se divisent actuellement en quatre races
principales : celle du Larzac, celle de la Caune,
celle du Causse et celle du Ségala.

La première se distingue aux signes suivants :
la taille est petite, la poitrine large, la tête et les
oreilles sont fines, les jambes et le ventre sont
dépourvus de toison. Très robuste, cette race est
bonne laitière dans les plateaux calcaires.

La race de la Caune, qui n'est autre qu'un croisement de la précédente avec les béliers d'Alfort, présente un seul signe caractéristique : les oreilles sont longues et tombantes. Pour la plaine, elle est meilleure laitière que la race du Larzac.

Les deux autres races, celle du Causse et du Ségala, sont inférieures aux deux premières, dont elles sont d'ailleurs issues.

En somme, la population ovine, entretenue pour la production du lait destiné à la fabrication du Roquefort, présente des caractères bien variés. Il n'y a pas de type bien défini; aussi serait-il difficile de fixer exactement le caractère de telle ou telle variété.

Dans ces croisements divers, on a toujours cherché à augmenter les aptitudes laitières. Aidés par une alimentation de plus en plus abondante, les propriétaires ont obtenu de bons résultats, et tandis que chaque brebis donnait à peine, il y a un siècle, 7 à 8 kilogrammes de fromage par an, elle en donne aujourd'hui de 20 à 25 kilogrammes.

Suivant les régions, la variété et la nourriture, la brebis laitière donne bon an, mal an, un revenu variant de 20 à 40 francs par tête. On comprend dans ce chiffre : le fromage, la laine et l'agneau. Celui-ci est livré au boucher à l'âge de trois semaines et consommé principalement dans les grandes villes du midi. Les brebis trop vieilles sont engraissées, puis vendues à la boucherie au prix moyen de 20 francs l'une.

Le régime auquel sont soumises les brebis laitières est un régime mixte. Suivant les régions, elles vivent pendant la belle saison sur des pâturages de natures diverses, prairies artificielles ou prairies naturelles. Sur les Causses, elles broutent

Brebis de la race du Larzac

la plupart du temps une herbe courte, fine, peu abondante, mais substantielle et aromatique, produisant un lait de première qualité qui sert à la fabrication du meilleur fromage. En automne, les brebis sont conduites sur les chaumes et dans les taillis de chêne. En hiver, la nourriture est plus ou moins abondante suivant les régions. En pays fertiles, où l'agnelage se fait aux mois de décembre et de janvier, on donne à la bergerie des foins de

prairies artificielles, des feuilles de chêne, de frêne, ou de peuplier.

Dans les propriétés où l'on nourrit mieux, on donne des betteraves, des pommes de terre, des carottes, des bouillies préparées de diverses façons, le plus souvent avec des feuilles de luzerne sèche et des tourteaux. Dans les Causses, où l'agnelage n'a lieu qu'en février ou en mars, on nourrit moins bien en hiver. On emploie la paille, les balles de céréales, des fourrages grossiers; mais à l'époque de la mise bas, on nourrit à peu près comme dans la plaine.

Le lait de brebis est très épais et d'une belle couleur blanche. Sa densité varie de 1.036 à 1.040, à la température de 15 degrés centigrades.

Quant à sa composition, elle est indiquée dans le tableau suivant:

Par litre de lait.

Eau.	830 gr.	à	760
Matière grasse.	55 »	à	105
Caséine.	50 »	à	80
Lactine.	40 »	à	50
Sels	8 »	à	12

Ces chiffres prouvent que le lait de brebis est plus riche que celui de vache, dont la composition moyenne, d'après M. Duclaux, est la suivante:

Par litre de lait.

Eau	875 gr.
Matière grasse	35 »
Caséine	38 »
Lactine	45 »
Sels	7 »

Aussi avions-nous raison de dire, au début de ce chapitre, que le fromage de Roquefort devrait être fabriqué exclusivement avec du lait de brebis.

La traite des brebis a lieu deux fois par jour : le matin, avant la sortie du troupeau, et le soir, au coucher du soleil. Elle est faite par le personnel de la ferme, valets ou servantes, qui, assis sur des sièges en bois, ou *selles*, ont au-devant d'eux un vase en fer-blanc appelé *seille*. La brebis, placée en avant de ce récipient, présente le pis à celui qui doit la traire. Ce dernier tire d'abord tout le lait qui vient à la pression du trayon par le pouce et l'index. Lorsqu'il n'en coule plus, le trayeur, imitant en cela l'agneau qui tette, bat modérément du revers de sa main le pis de la brebis, et soutire ensuite le lait qui s'écoule à nouveau.

Cette opération, dite *soubattage*, active la sécrétion lactée en tarissant bien la mamelle, et donne en outre un lait plus riche en beurre que celui qui s'écoule tout d'abord.

La traite doit être faite très proprement, afin que le lait n'ait pas l'odeur de suint ou un goût désagréable. A cet effet, chaque trayeur doit avoir dans sa seille une écumoire *ad hoc*, lui permettant d'enlever toutes les impuretés qui pourraient ternir le lait.

La traite terminée, le lait reste à la ferme ou est transporté dans des établissements spéciaux appelés *laiteries*, et situés à des distances variables. Dans ces fermes et laiteries a lieu la fabrication proprement dite du fromage de Roquefort, dont l'affinage se fait ensuite dans les caves.

IV

Fabrication du fromage.

Nous voici arrivés à l'un des chapitres les plus importants de ce travail : celui de la fabrication proprement dite du fromage de Roquefort. Aussi le traiterons-nous avec la profusion de détails qu'il mérite.

Nous nous occuperons tout d'abord de la fabrication à la ferme, telle qu'elle se faisait autrefois.

Le lait de la traite du soir est tamisé, puis versé dans une chaudière en cuivre, où on le chauffe à une température voisine de l'ébullition (70 degrés environ). On le répartit ensuite dans des vases plats, afin de faciliter l'ascension de la crème, qu'on enlève dès le lendemain matin. A ce moment, on mélange le lait ainsi écrémé à celui de la traite du matin qui ne l'est pas, et le mélange est chauffé à une température de 24 à 28 degrés, qu'on obtient au juger le plus souvent. On laisse reposer le mélange, puis on y verse une dose de présure liquide, qui varie avec la quantité de lait, la saison, la température, la nature de l'alimentation des brebis, etc.

L'emprésurage se faisait exclusivement autrefois avec la présure provenant de la caillette des agneaux n'ayant pas encore mangé et contenant « les graines » auxquelles on attribuait des qualités coagulatrices qu'elles n'ont pas, et qui ne sont que du lait caillé. Cette présure est encore employée dans quelques fermes. Les caillettes des jeunes agneaux sont salées, aromatisées, desséchées sous le manteau de la cheminée, et mises ensuite à macérer dans du vin blanc. Le liquide ainsi obtenu a le gros inconvénient de ne pas être dosé. Aussi aujourd'hui on emploie surtout les présures liquides du commerce.

La masse, une fois emprésurée, est brassée, puis abandonnée à elle-même. Quand le lait est pris, on brise le caillé au moyen d'une écumoire plate à bords tranchants. On enlève à l'aide d'une cuillère une partie du petit-lait mis en liberté, et on presse ensuite le caillé avec des moules vides dont on recouvre toute la surface. Sous l'influence de cette pression lente et légère, le petit-lait se sépare complètement du caillé, qu'on peut alors mettre dans les moules.

Ceux-ci mesurent environ 20 centimètres de diamètre sur 10 centimètres de hauteur. Ils sont généralement en terre vernie. Pour le remplissage, on procède de la manière suivante : on découpe dans le tas, au moyen de la grande écumoire, une tranche de caillé d'une épaisseur approximative de 4 centimètres. On la pétrit dans le fond du moule et on la saupoudre légèrement de pain moisi, que l'on fait pénétrer avec les doigts. Une seconde tranche de même épaisseur est pétrie avec la première, de même façon que celle-ci, et saupoudrée également de pain moisi. Enfin une troisième et dernière tranche recouvre le tout et

Remplissage d'un cuvier

dépasse les bords du moule de quelques centimètres, pour s'affaisser plus tard après l'égouttement du petit-lait qui est resté dans le caillé.

Le rôle du pain moisi, dont nous venons de parler, est d'ensemencer le fromage de *penicilium glaucum*, petit champignon qui, en se développant, formera les veines bleues si recherchées dans le Roquefort. La fabrication du pain moisi a lieu à Roquefort. On l'obtient en pétrissant, à parties égales, de la farine d'orge et de la farine de froment. A ces farines, on ajoute un vingtième environ de levain très fort, et du vinaigre. La pâte ainsi obtenue et bien malaxée est mise au four, où on la laisse longtemps. A sa sortie, le pain est porté dans un local chaud et humide, pour favoriser le développement des moisissures. Au bout de quatre à six semaines, la moisissure étant complète, on sépare la croûte de la mie. Cette dernière seule est utilisée. Coupée en fragments, elle est mise à sécher dans un local, chauffé au calorifère, où on la laisse deux ou trois jours. On la triture ensuite au moulin et on tamise. On aromatise la poudre ainsi obtenue et on la met dans de petits sacs en papier, pour être livrée aux producteurs au fur et à mesure de leurs besoins.

Retournons au caillé que nous avons laissé dans les moules. Ceux-ci, dès qu'on les a remplis, sont portés dans le *trennel*, sorte de grand coffre en bois, où l'on maintient une température de 18 à 20 degrés, au moyen de braise, ou mieux d'eau chaude. Cette chaleur douce favorise la sortie du petit-lait, qui s'écoule par le fond du trennel, disposé en pente et pourvu de rainures.

Pendant les deux ou trois premiers jours qui suivent, on retourne les fromages dans leurs moules trois fois par jour et on les lave à l'eau froide au moins une fois par jour. Lorsqu'ils ne laissent plus écouler de petit-lait, on les porte au séchoir, où ils attendent, en prenant de la consistance, leur transport à Roquefort.

Le local choisi pour séchoir doit être exposé au Nord et disposé de façon qu'on puisse à volonté y faire circuler de l'air sec et frais. On empêche l'entrée des mouches, en clouant sur toutes les ouvertures des toiles métalliques ou des canevas.

Mise au point de la température

Toutes les tablettes garnissant les murs et sur lesquelles on dépose les fromages à la sortie du trennel, sont recouverts de linges propres.

Le transport à Roquefort est fait une ou deux fois par semaine, suivant la saison, l'importance de la production, la durée du trajet, etc. Les fromages voyagent dans des *jardinières*, s'il s'agit d'une petite quantité et d'une petite distance, ou bien dans des *gayets* — sortes de cages en bois que l'on empile sur des charrettes — s'il s'agit d'une grande quantité et d'une longue route.

On fait voyager la nuit pour éviter l'échauffement. Les petits producteurs éloignés des caves vendent leurs fromages à des « ramasseurs » qui

Mise en présure

les revendent, à leur tour, aux industriels de Roquefort.

Les fromages pèsent à ce moment 2 kil. 500 environ. Ils sont payés aux producteurs à des prix, qui ont varié, dans les dix dernières années, entre 80 et 150 francs les 100 kilogrammes. Des marchés entre les industriels et les producteurs sont signés au commencement de la saison, vers le mois de janvier ou février, et les grandes Sociétés de Roquefort font, après cela, des avances de fonds aux producteurs, en attendant le règlement définitif.

Rompage du caillé

Le petit-lait qui s'écoule du caillé au cours de la fabrication est un liquide jaune citron à peu près limpide et légèrement sucré. Il constitue

environ les 4/5 du volume du lait traité et renferme comme produits utiles : une petite proportion de caséine non précipitée par la présure,
du beurre et du lactose. On n'a pas songé à retirer

Transvasement du caillé, commencement de l'opération

le lactose de ce liquide, mais on recueille quelquefois la caséine et le beurre.

Dans le premier cas le petit-lait est chauffé à 70°
environ dans une grande chaudière et laisse
précipiter cette caséine. On fabrique avec le caillé
obtenu, que l'on appelle « recuite », un fromage
frais d'une qualité inférieure, qui est vendu dans
le voisinage à un prix minime. Le petit-lait qui
reste ensuite est donné en nourriture aux porcs.
On obtient environ 6 kilogrammes de « recuite »

par hectolitre de petit-lait; ce produit se vend 0 fr. 20 le kilogramme.

Pour le beurre, on l'obtient en abandonnant le petit-lait pendant plusieurs jours dans des baquets peu profonds et en barattant la crème qui finit par monter à la surface. Le rendement est de 1 kilogramme de beurre de mauvaise qualité par hecto-litre de petit-lait.

L'usage des écrémeuses centrifuges, qui permet-traient de fabriquer plus rapidement un beurre de meilleure qualité, ne s'est pas encore répandu.

*
* *

La fabrication du fromage dans les *laiteries* appelées également *fromageries*, est plus perfec-tionnée, car ces établissements possèdent un agen-cement de locaux et un matériel que n'ont pas les fermes. Aussi les fromageries se développent-elles de plus en plus.

Quelques personnes voient, dans ce développe-ment, un danger pour l'avenir de la production laitière et prétendent que les grandes Sociétés de Roquefort ne tarderont pas à devenir propriétai-res des établissements existant déjà, ou de ceux qui seront créés ultérieurement, de façon à avoir le monopole et à faire la loi au producteur.

Il y a quelque chose de fondé dans ces appré-hensions. Toutefois, il ne faut pas exagérer la gra-

2.

vité du danger, car, en admettant qu'elle se réalise
cette situation nouvelle n'apportera aucune modification à la situation présente.

En effet, les bénéfices des producteurs sont déjà
fixés à l'heure actuelle par les Sociétés qui établis-

Transvasement du caillé, fin de l'opération

sent le cours des fromages comme elles l'entendent.
Qu'ils vendent leurs produits sous forme de lait,
ou qu'ils les vendent sous forme de fromage, les
agriculteurs seront donc obligés de subir, dans un
cas comme dans l'autre, les cours imposés par les
maisons de Roquefort.

Certains prétendent encore que le lait traité
dans les fromageries peut être plus facilement
fraudé; mais il est possible de se mettre, jusqu'à
un certain point, à l'abri de la fraude.

Enfin on objecte que le transport du lait à de grandes distances, et le battage qui en résulte, surtout par les grandes chaleurs, n'est pas fait pour en améliorer la qualité. Cela est vrai ; mais il faut faire remarquer que cette objection perd de sa

Mise en moules du caillé

valeur à mesure que les fromageries se multiplient, car le rayon de leur approvisionnement se réduit progressivement et les chances d'altération diminuent dans une large mesure.

D'ailleurs si les fromageries présentent quelques inconvénients, elles offrent de sérieux avantages.

Tout d'abord, les cultivateurs ne possédant que quelques brebis, peuvent aujourd'hui produire du fromage de Roquefort. La transformation du lait en fromage, que les fermes d'une certaine importance pouvaient seules entreprendre, il y a quelques années, a donc été mise à la portée de tout le monde.

D'autre part, le personnel des fromageries est généralement plus compétent, mieux préparé, plus spécialisé que la ménagère de la ferme qui doit, le plus souvent, s'occuper parallèlement des autres travaux de la maison. Ces ménagères font presque toujours les choses par à peu près et n'ont quelquefois pas de thermomètre pour se rendre compte de la température.

Enfin, dans les fermes, le local affecté à la laiterie, les ustensiles dont on se sert, sont quelquefois insuffisants ou même malpropres, parce qu'on les utilise pour d'autres usages ; la température des diverses salles, souvent de l'unique salle de préparation, est des plus irrégulières.

Dans les fromageries, au contraire, on fait les choses aussi bien que possible, car, ainsi qu'on le verra plus loin, les locaux conviennent beaucoup mieux. Par suite, les produits qui en sortent sont plus homogènes et plus parfaits.

V

Description d'une fromagerie.

La fromagerie se compose de trois pièces principales : la salle de réception du lait et d'emprésurage ; la salle de fabrication, où a lieu l'égouttage ; la cave.

De grandes baies vitrées éclairent convenablement ces divers locaux, sauf la cave, dans laquelle doit régner une demi-obscurité.

Les murailles et le plafond, à parois très unies, sont enduits tous les ans, au commencement de la saison, d'un lait de chaux additionné de petit-lait, pour éviter qu'ils s'écaillent. Le sol est cimenté sur toute son étendue, ce qui en facilite le nettoyage et permet le maintien d'une propreté rigoureuse. L'eau est d'ailleurs fournie en abondance par des pompes établies dans chaque salle. Une pente convenable conduit les eaux de lavage à des bouches d'égout grillagées, que l'on peut fermer à volonté grâce à une trappe mobile.

Toutes les eaux de lavage sont réunies dans un puisard à parois cimentées, situé à 20 mètres environ de la fromagerie, et de là dirigées sur les prairies, qu'elles fertilisent.

Grâce à ces dispositions, on peut entretenir, dans la fromagerie, la propreté la plus minutieuse,

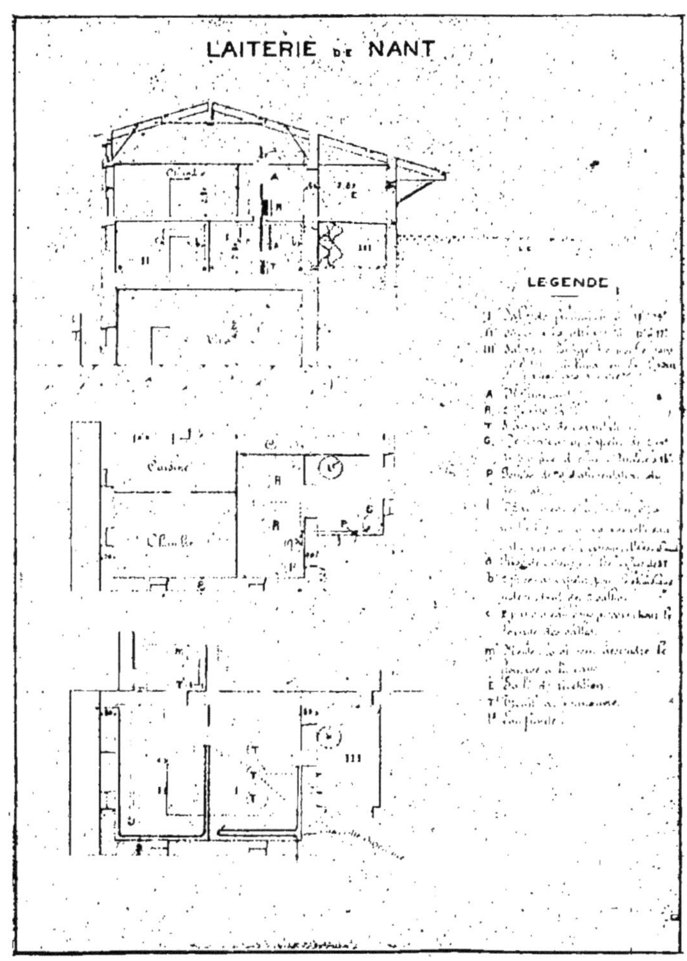

qui est la condition *sine qua non* d'une bonne fabrication.

Quel est le matériel d'une fromagerie? Nous allons le voir.

Commençons par la salle de réception, Nous y trouvons :

1° Soit *un générateur à vapeur*, si le chauffage a lieu par ce moyen, soit *une chaudière*, dite *buanderie*, destinée à chauffer dans des *topettes* une partie du lait au bain-marie et l'eau nécessaire aux lavages. Quelquefois le *chauffe-lait* est une cuve à doubles parois, placée sur des tréteaux, dans un coin de la salle.

L'enveloppe intérieure, en cuivre étamé, reçoit le lait, que l'on peut faire couler, une fois chaud, au moyen d'un robinet et d'un ensemble de tuyaux, dans les cuves où l'on met en présure. L'enveloppe extérieure est en forte tôle galvanisée. Un tuyau, qui traverse la muraille ou le plafond, permet à la vapeur et à l'eau de condensation de s'échapper au dehors.

Grâce à la chaleur développée par ces appareils, la température de la salle se maintient pendant l'hiver entre 16 et 18 degrés, température qui est la plus favorable à l'égouttage du caillé. Mais, pendant l'été, ces appareils pouvant amener une surélévation de température, nuisible à la fabrication, on a l'habitude, au moment des fortes chaleurs, de chauffer au dehors, en plein air, la petite quantité de lait dont on a besoin pour élever la température des cuviers à emprésurer. On se sert pour cela d'une chaudière chauffée au bain-marie, d'une contenance de 200 litres environ, dans laquelle on prépare la recuite en temps ordinaire.

2° *Un ou plusieurs repose-lait.* — C'est une cuve en fer-blanc, à fond légèrement conique, dans laquelle on abandonne le lait au repos, après le pesage et le filtrage, pendant un quart d'heure.

Ce repos a pour but de faire tomber au fond de la cuve les fines poussières de suint de brebis qui passent à travers les meilleurs filtres. L'orifice de vidange de cet appareil se trouve à quelques centimètres du fond, afin que le dépôt, qui s'est accumulé sur celui-ci, ne puisse être entraîné.

3° *Une série de cuves pour l'emprésurage.* — Ces cuves en fer-blanc, d'une contenance de 4 à 500 litres, sont cylindriques et ont une hauteur de 0 m. 70 environ. Elles sont disposées autour de la salle, sur des supports en bois. Pour le remplissage, on maintient, au moyen d'un support spécial, successivement au-dessus de chaque cuvier, un tamis constitué par un cylindre de fer-blanc étamé, garni dans le fond d'une toile de laiton.

4° *Des mesures de capacités diverses en tôle étamée* (décalitre, double-décalitre, etc.) pour le mesurage du lait.

5° *Un brise-caillé*, qui n'est qu'une grille de fil de fer galvanisé, encastrée dans un cadre de bois et fixée au bout d'un bâton assez long ;

Une pelle en bois de forme spéciale, pour remuer

le lait au moment de l'incorporation de la présure ;

Une grande écumoire pour agiter le lait chaud dans le chauffe-lait et enlever, s'il y a lieu, les impuretés.

6° *Un puise-caillé*, récipient en fer-blanc, muni d'un manche court, qui permet d'extraire commodément le caillé des cuviers.

7° *Divers récipients* pour les lavages et les soins de propreté (seaux en zinc, casseroles, bassines, baquets, brosses, balais, etc., etc.).

8° *Des thermomètres spéciaux* pour la fromagerie, montés sur une pièce de bois angulaire, qui met le verre à l'abri des chocs de toute nature.

9° *Un grand nombre de bidons*, ou pots à lait, de la contenance de 20 à 40 litres, servant au transport du lait.

Dans la deuxième salle, dite salle de fabrication, on maintient autant que possible une température constante de 18 degrés, grâce à la vapeur que l'on fait circuler, toutes les fois qu'il est nécessaire, dans des tuyaux en tôle ou en cuivre de 10 centimètres de diamètre environ, établis le long des murs.

Une cheminée d'appel avec auvent garnit l'extrémité de chaque pièce et renouvelle l'air qui, sans cela, serait continuellement vicié par les produits de la fermentation. Grâce à cette disposition, on ne perçoit aucune de ces mauvaises odeurs indéfinissables qui caractérisent les fromageries mal tenues.

La salle de fabrication contient, ou du moins doit contenir les appareils suivants :

1° *Des tables égouttoirs*, larges de 1 m. 20, longues de 4, 5 ou 6 mètres, suivant le cas, sont sillonnées de rainures convergeant vers l'un des angles et destinées à l'égouttement du petit-lait. Elles sont inclinées de telle façon que l'angle auquel aboutissent les rainures soit le plus bas. Au-dessous de cet angle on place un baquet pour recevoir le petit-lait.

2° *Des chariots à caillé*, sortes de caisses rectangulaires en bois, montées sur trois roues et servant à transporter le caillé de la première dans la deuxième salle. Ces chariots, inclinés d'un côté, sont garnis intérieurement d'une claire-voie recouverte d'une serpilière destinée à faciliter le drainage du petit-lait; celui-ci s'échappe par une ouverture ménagée sur l'un des côtés de la caisse.

3° *Une provision suffisante de moules à fromages*, ayant les dimensions que nous avons indiquées dans le chapitre précédent.

Autrefois les moules en terre vernie étaient seuls employés, parce qu'ils conservaient mieux la chaleur et facilitaient par suite l'écoulement du petit-lait. Mais comme on peut facilement, dans les fromageries bien installées, maintenir la température la plus favorable à l'égouttement, cette préférence n'a plus sa raison d'être aujourd'hui. Aussi emploie-t-on, presque partout, les moules en fer-blanc soudé et étamé, qui, moins fragiles et plus légers, sont en même temps d'un nettoyage plus facile. Dans quelques fromageries perfectionnées, on emploie des moules en tôle emboutie

Les appareils de la fromagerie

1. Cuvier à emprésurer. — 2. Décalitre. — 3. Brise-caillé. — 4. Puise-caillé. — 5. Seau en zinc. — 6. Casserole. — 7. Bassine — 8. Thermomètre de laiterie. — 9. Pelle en bois. — 10. Grande écumoire. — 11. Petite écumoire. — 12. Brosse en chiendent. — 13. Moule à fromage. — 14. Tamis.

et étamée, qui, aux avantages des moules en fer-blanc, ajoutent celui d'être plus réguliers, n'ayant pas de soudure sur leur partie latérale.

4° *Des boîtes à pain moisi,* cylindres en fer-blanc fermés par un couvercle garni de trous.

5° *Des écumoires en tôle étamée,* mesurant environ 15 centimètres de diamètre et munies d'un manche très court. Ces ustensiles servent à mettre le caillé en moules.

La troisième salle, ou cave, est voûtée et ne renferme pas d'appareils spéciaux, les fromages qu'on y fait séjourner étant déposés directement sur le sol. La température y est maintenue aussi basse que possible; elle est de 10 à 12 degrés, en moyenne, mais elle peut s'élever jusqu'à 14 degrés au fort de l'été.

Ce n'est pas dans cette cave, mais bien dans « les caves » de Roquefort qu'a lieu la deuxième phase de la fabrication du fromage dont nous nous occupons : *l'affinage,* qui fera l'objet du chapitre suivant.

VI

L'affinage dans les caves.

Nous avons fait connaître les diverses manipulations(auxquelles donne lieu la fabrication proprement dite du fromage. Il nous reste à parler des caves, de ces fameuses caves, dans lesquelles les produits de Roquefort acquièrent la finesse qui fait leur réputation.

Ces caves, construites dans le roc, doivent leurs propriétés spéciales aux conditions de température et d'humidité, dans lesquelles elles se trouvent.

Roquefort, on le sait, est un village situé à mi-côte, versant nord, d'une montagne appelée *Cambalou*, détachée du plateau du Larzac, et dont l'altitude est de 774 mètres. Nous avons dit, au début de cet ouvrage, que le sol sur lequel est bâti Roquefort a été constitué par les éboulements provenant de la montagne de *Cambalou*. Entre les rochers bouleversés, il est resté de nombreuses fissures naturelles, que l'on désigne sous le nom de *fleurines* et qui communiquent avec l'intérieur de la montagne.

Au milieu de celle-ci, se trouverait, d'après certains auteurs, un vaste réservoir d'eau provenant de la stillation de la voûte. Ce réservoir serait en communication avec le côté opposé de la montagne. Il résulterait de cela un courant d'air frais et humide, qui se ferait sentir aux soupiraux extérieurs et qui atteindrait son maximum d'intensité avec le vent du midi.

D'autres prétendent que ce sont les eaux de pluie qui s'infiltrent dans les crevasses, s'évaporent sous l'action des courants d'air et produisent un abaissement de la température.

Quoi qu'il en soit, les caves de Roquefort doivent leurs rares propriétés à ces deux conditions : fraîcheur et humidité.

A l'origine, les caves étaient constituées par des couloirs naturels, sur lesquels on avait établi des planchettes pour y déposer les fromages. Plus tard, au fur et à mesure des besoins, on creusa dans le sol et on construisit des caves dont quelques-unes aujourd'hui ont jusqu'à sept étages. Suivant leur situation, suivant la quantité et la qualité de leurs « fleurines », ces caves ont une valeur plus ou moins grande pour l'affinage.

Dans les meilleures, la température reste à peu près invariablement à 4 degrés centigrades. Dans d'autres, elle est plus élevée, et dans quelques-unes elle atteint même 7 degrés. Les caves dont la température dépasse 7 degrés sont de qualité inférieure.

Quant à l'état hygrométrique, quoique variable suivant les moments, il se maintient entre 65 et 70 degrés de l'hygromètre de Saussure.

Dans ces caves, le nombre d'étages varie suivant les situations; il est de 3 à 6 en moyenne. Au-dessus du sol s'élèvent les bureaux, les services accessoires et deux salles importantes : le *poids* et le *saloir*.

A chaque étage de la cave proprement dite, se trouvent des rangées d'étagères superposées, destinées à recevoir les fromages. Mais nous aurons à nous en occuper plus loin.

Voyons d'abord quelles sont les attributions de chacune des parties dont se composent les caves.

Dans la première salle (*le poids*), qui se trouve à l'entrée, les fromages sont examinés par des employés spéciaux qui sont chargés de les accepter ou de les refuser. Les fromages acceptés sont placés sur la bascule et on note leur poids et leurs qualités sur une grande feuille, dite *feuille de cave*.

Après cela, on les transporte au *saloir*, où sont également transportés les fromages refusés pour être affinés aux frais du producteur, qui s'en défera plus tard comme il l'entendra.

Le *saloir* est situé en arrière de la salle de réception de manière que la lumière et la chaleur y pénètrent le moins possible.

On y sale les fromages à sec, en les frottant vigoureusement avec du sel sur leur pourtour. On les empile ensuite par trois sur le sol asphalté ou cimenté, la face supérieure de chacun d'eux étant saupoudrée de chlorure de sodium.

Le surlendemain le fromage est resalé, retourné sens dessus dessous et il reste ainsi pendant qua-

Machine dite « Brosseuse »

rante-huit heures environ. Au bout de ce temps, il se forme sur la surface une couche gluante désignée sous le nom de *pégot* et constituée par la bavure du sel et du petit-lait ainsi que par l'accumulation des microbes aérobies. On enlève cette couche avec une sorte de couteau à lame bien affilée.

Dans les grandes caves l'enlèvement du *pégot*, dont l'épaisseur varie avec les saisons, est fait par une machine mue à la vapeur et due à l'invention de M. Coupiac, directeur de la « Société des caves réunies ».

Cette machine, que l'on désigne sous le nom de « brosseuse », fait, avec deux ouvrières seulement, le travail de vingt ouvrières et ne produit qu'un déchet de 13 p. 0/0, au lieu de 20 p. 0/0. Elle est essentiellement constituée par une toile sans fin, sur laquelle une ouvrière place les fromages. Ceux-ci, entraînés automatiquement, passent un par un, d'abord entre deux brosses horizontales qui tournent avec une vitesse de 1.200 tours à la seconde, ensuite entre deux brosses verticales. Nettoyés sur toutes leurs faces, ils continuent leur chemin sur la toile sans fin, et sont reçus, de l'autre côté de la machine, par une seconde ouvrière.

La couche gluante, ou *pégot,* que l'on enlève, soit par le raclage, soit par le brossage, intercepte toute communication de l'air avec l'intérieur de la pâte. C'est afin de faciliter l'accès de l'oxygène nécessaire au développement du *penicilium* que l'on débarrasse la surface de cette matière.

On emploie dans les mêmes grandes caves une autre machine, la « piqueuse », due également à l'invention de M. Coupiac, à l'aide de laquelle on pratique dans le fromage, après le raclage, un grand nombre de petits trous du diamètre d'une aiguille à tricoter. Cette opération a pour but de mettre les semences du *penicilium glaucum,* contenues par le fromage, en contact avec l'air humide

3.

des caves, de façon à hâter le développement de ce petit champignon et à activer l'affinage.

Comme dans la « brosseuse », une toile sans fin, alimentée par une ouvrière, présente successivement les pains de fromage à un plateau garni d'aiguilles, qui est animé d'un mouvement alternatif de haut en bas. Le fromage est ensuite entraîné par la toile et reçu par une seconde ouvrière.

Après ces opérations, les fromages sont divisés en trois catégories, pour permettre de les placer dans la cave d'affinage aux endroits les mieux appropriés suivant leurs besoins :

Première catégorie. — Fromages faits dans les laiteries, généralement très aqueux, n'exigeant pas un air saturé d'humidité.

Deuxième et troisième catégories. — Fromages faits dans les fermes. Plus secs. Seront mis à mûrir dans un air saturé d'humidité, s'ils sont de grandes dimensions, pour parfaire au manque d'humidité intérieure; seront placés dans un milieu moins humide s'ils sont de dimensions réduites.

Le classement opéré, on descend le fromage dans les caves, à l'aide de monte-charges, mus par une machine à vapeur. Dans quelques fromageries ce sont des ouvrières appelées « cabanières » qui le descendent. Durant une semaine, on le laisse encore en piles de trois, après quoi on le place sur les étagères.

Ces étagères, larges de 1 m. 80, occupent toute

la longueur de la cave, mais sont entrecoupées, tous les 10 ou 20 mètres, par des passages ayant environ 0 m. 70 de largeur.

On dispose donc les fromages sur les étagères, en ayant soin toutefois d'éviter tout contact entre

Caves, maturation

les pains. Cette opération est celle de la *mise en plies*. Elle a pour but de donner libre passage à l'air venant des fleurines et qui maintenant circulera entre tous les pains.

Au bout d'un temps plus ou moins long, les fromages se couvrent d'un enduit jaune rougeâtre sur lequel se développent des mucorinées en long duvet blanc, dont l'abondance est un signe de la bonté des caves. On racle alors et le produit que l'on retire du raclage porte le nom de *reverun*. Il se vend à raison de 5 centimes le kilogramme pour la nourriture des porcs.

La série d'opérations du raclage s'appelle *revirage*. Celui-ci se renouvelle toutes les semaines ou tous les quinze jours, suivant la rapidité de maturation des fromages. Le dernier raclage donne un produit, désigné sous le nom de *rebarbe rouge*, qui est estimé de quelques consommateurs.

La maturation demande un temps variable. Elle dépend, en effet, du degré de salaison du fromage, de la saison, du nombre de piqûres et de la température de la cave. On compte en moyenne deux mois avant qu'un fromage soit arrivé à maturité. Celle-ci n'est indiquée par aucun signe extérieur certain; l'habitude seule est juge en la matière.

Suivant les besoins, on peut hâter ou ralentir la maturation. Une salaison abondante la retarde, de nombreuses piqûres l'accélèrent, de même qu'une température relativement élevée; on a même trouvé un puissant moyen de conserver les fromages mûrs, que l'on ne peut livrer, faute de demandes.

A cet effet, la « Société des caves et des producteurs réunis » a fait installer dans une de ses caves les plus importantes, un réfrigérant du système Lind. Le courant d'air glacé traverse des caves appelées chambres frigorifiques, où sont placés les fromages à conserver, qu'on y transporte après qu'ils ont passé de quinze jours à un mois en cave. Les fromages sont remis dans celle-ci à la sortie de la chambre frigorifique.

Deux autres de ces appareils ont été installés à Roquefort, l'un en 1896, l'autre en 1897.

Grâce aux réfrigérants, la conservation est, sinon indéfinie, du moins très longue et le négociant est à son aise, surtout au moment de la mévente. En outre, la conservation au réfrigérant évite un sérieux déchet, en empêchant la fermentation extérieure et supprimant, par suite, les raclages. Ce déchet, qui est de 20 0/0 environ, dans les caves à appareils perfectionnés, atteint 23 et même 25 0/0 dans celles où les manipulations sont faites exclusivement par des « cabanières ».

Les réfrigérants ont encore l'avantage de donner à la surface du fromage une couleur plus blanche, qui le rend, dit-on, plus marchand,

Le fromage mûr est, suivant les catégories dont nous avons parlé plus haut, de surchoix, de première qualité, de deuxième qualité. Un pain de surchoix se présente à l'intérieur avec une belle couleur blanche, parsemée régulièrement de taches azurées constituant ce qu'on appelle le *persillé*. Sa consistance douce, sa saveur piquante et délicate, sont les qualités qui ont valu avec juste raison au Roquefort le nom de « Roi des fromages ».

Sa composition est nécessairement variable, selon le degré de maturation. Voici quelques analyses qui pourront fixer le lecteur :

Fromage frais, analysé au moment du transport aux caves :

Caséum	85 43
Matière grasse.	1 85
Acide lactique.	0 88
Eau	11 84

Fromage ayant fait un séjour de deux mois dans les caves :

Caséum	43 28
Matière grasse.	32 31
Acide butyrique.	0 67
Chlorure de sodium	4 45
Eau	19 16

Fromage ayant séjourné un an dans les caves :

Caséum	40 23
Margarine.	16 85
Oléine	1 48
Chlorure de sodium.	4 45
Eau.	15 16
Butyrate d'ammoniaque	5 62
Caproate.	7 31
Caprylate	4 18
Caprate	4 21

C'est, paraît-il, au caprate d'ammoniaque que le Roquefort doit spécialement sa saveur piquante.

Ainsi qu'on le voit, le caséum se transforme peu à peu en matières grasses. Cette transformation est due au *penicilium glaucum*, qui, ayant besoin pour vivre d'ammoniaque, d'eau et de carbone, les prend au caséum devenant alors matière grasse.

Il découle de cela que la végétation plus ou moins vive du *penicilium* a une influence très marquée sur la bonté plus ou moins grande des fromages. Aussi toutes les manipulations de l'affinage ont-elles pour objectif de faciliter ou de restreindre, de guider en un mot le développement de ce champignon.

VII

La vente du Roquefort.

Tout le monde connaît l'universelle réputation du fromage de Roquefort. C'est dire que ce produit prend place sur les marchés du monde entier.

Les fromages, à leur sortie des caves, sont recouverts de papier d'étain, puis d'un papier bulle. On les emballe ensuite, suivant le cas, de trois façons différéntes :

1° En gagets, ou caisses à claire-voie, pour les petits parcours et les grandes quantités ;

2° En paniers d'osier cylindriques pour le détail et les expéditions lointaines, chaque panier pouvant contenir de un à trois fromages ;

3° En caisses rectangulaires pour l'exportation.

Quel que soit le mode d'emballage, les fromages sont toujours séparés entre eux par des disques de bois aminci. Les fromages de surchoix, destinés à voyager longtemps, sont placés dans des boîtes soudées.

Les expéditions commencent au moins de février, pour se ralentir sensiblement à l'époque des grandes chaleurs. Les envois les plus importants se font à l'automne, en septembre, en octobre ; les fromages ainsi livrés à l'arrière-saison sont les meilleurs.

Les ventes se traitent généralement par l'intermédiaire de représentants. Les principaux centres de consommation sont, pour la France : Paris, Marseille, Toulouse, Bordeaux, qui reçoivent les bonnes qualités.

Les pays vignobles du midi de la France (Hérault, Gard, Aude, Tarn, Lot) consomment une grande partie des qualités secondaires.

On ne livre à l'exportation, qui absorbe 15 0/0 de la production, que des surchoix ou des premières qualités.

Les consommateurs du nord aiment généralement mieux les fromages d'août que les fromages trop fermentés. Les méridionaux seuls s'accommodent des fromages forts et les apprécient.

Le Roquefort se vend en général aux prix suivants : surchoix, 180 à 220 francs les 100 kilos ; 1ʳᵉ qualité, 160 à 170 francs ; 2ᵉ qualité, 125 à 150 francs. Les prix extrêmes au détail sont : 4 fr. et 2 francs le kilo. Les rebuts se vendent à des prix voisins de 1 franc le kilo.

Le fromage non affiné est payé aux producteurs par les industriels de Roquefort, au prix moyen de 100 à 140 francs les 100 kilos. Ce prix a subi et subit encore de nombreuses fluctuations, dont il sera question plus loin.

Dans les laiteries, on a payé jusqu'à l'an dernier

le lait de brebis de 24 à 30 centimes le litre; mais ces prix sont descendus jusqu'à 20 centimes et même, dans certains pays où l'on voudrait voir disparaître l'industrie laitière, on fait des offres allant de 13 à 18 centimes. Le lait de vache est coté cette année à 8 centimes.

Les frais de fabrication sont variables suivant que celle-ci a lieu à la ferme ou dans les laiteries. A la ferme, il serait fort difficile d'évaluer ces frais; l'outillage est primitif et dure longtemps; la fermière s'occupe de la fabrication, sans que son ménage en souffre. Dans les laiteries, où l'on a fait parfois des installations luxueuses, on compte, comme frais de fabrication et suivant les cas, de 6 à 10 francs par 100 kilos de fromage frais, amortissement du capital compris. On compte encore de 2 à 6 francs par 100 kilos de frais de transport, des laiteries ou des fermes aux caves de Roquefort.

Les frais d'affinage sont approximativement de 45 francs par 100 kilos tout compris : affinage proprement dit, frais généraux et déchet.

VIII

Les imitations de Roquefort.

Les imitations de Roquefort sont assez nombreuses. Il n'est pas nécessaire, en effet, d'avoir du lait de brebis pour fabriquer un fromage ressemblant à celui de Roquefort : il suffit d'obtenir un caillé de consistance moyenne, ni trop sec, ni trop humide, qui permette le développement, spontané ou par la culture, du *penicilium glaucum*, et des caves froides pour tempérer le développement de cette mucédinée et favoriser l'action des bactéries spéciales à cette fabrication.

Les produits ainsi obtenus sont loin d'avoir les qualités délicates, la saveur, le parfum des vrais Roqueforts, mais ils leur ressemblent par l'ensemble de leurs caractères et surtout par le mode de maturation et d'affinage de leur pâte.

Nous allons rapidement passer en revue ces différentes imitations :

Façon Roquefort.— Ce fromage est l'objet d'une fabrication qui prend de plus en plus d'extension dans le département du Rhône et surtout dans l'Isère et les Hautes-Alpes. Se fait habituellement avec du lait de vache.

Bleu d'Auvergne. — Le bleu d'Auvergne se fabrique dans les fermes, et d'une façon tout à fait irrégulière ; chacun opère à sa manière, en se rapprochant néanmoins dans les grandes lignes du mode en usage dans les fermes pour le vrai Roquefort.

Au début, les industriels achetaient le lait et fabriquaient dans des locaux agencés dans ce but ; mais la qualité du lait laissait tellement à désirer, tant à cause de la longueur et du mode de transport que pour diverses autres raisons, qu'ils renonçaient bien vite à ce mode d'exploitation. Ils chargèrent les propriétaires de fabriquer eux-mêmes leurs fromages en se réservant de leur fournir les moules et la poudre de pain moisi.

A des jours et heures fixes, les producteurs, prévenus par l'acheteur, descendent leurs fromages dans la vallée en des points déterminés, où se fait la livraison en moules ; de nouveaux moules leur sont remis et l'acheteur transporte ce fromage vert dans les caves d'affinage, où ils sont raclés et troués comme de vrais Roqueforts. Certaines caves, à Pontgéliand, par exemple, sont des espèces de tunnels creusés dans la montagne basaltique ; elles sont froides et humides ; il y règne un courant d'air violent. Les fromages bien fabriqués, mûris dans ces caves, ressemblent assez au vrai Roquefort.

Dans d'autres endroits, au contraire, la cave est tenue, à l'aide d'un poêle, à la température de 16 à 18 degrés, mais on ensemence et on sale fortement; les produits ainsi fabriqués sont loin de valoir ceux qui ont mûri lentement dans les caves froides; cependant, s'ils sont consommés à temps, ils ne manquent pas de certaines qualités qui les font justement apprécier.

La production du bleu d'Auvergne est surtout répandue dans les cantons de Rochefort, Montagne-de-Latour, de Tauves, dans le Puy-de-Dôme, et dans quelques cantons du Cantal, principalement dans celui de Murcenet.

Gex. — Le fromage de Gex (Ain), qu'on appelle encore *bleu* ou *persillé*, a beaucoup d'analogies avec le Roquefort; toutefois ses marbrures sont moins prononcées. Pour faire développer le bleu, on emploie des présures préparées spécialement, et dans lesquelles il entre de la cannelle, des clous de girofle, du poivre, etc.

Septmoncel. — Septmoncel est une localité située aux environs de Saint-Claude; elle a donné son nom à un fromage persillé qui se produit dans les montagnes du Jura et tout particulièrement dans l'arrondissement de Saint-Claude. La fabrication du *Septmoncel* est semblable à celle du *Gex*. Toutefois on ajoute ici au lait de vache une certaine quantité de lait de chèvre, qui donne plus de blancheur et de finesse à la pâte.

Sassenage. — Ce fromage a pris son nom d'un chef-lieu de canton situé à 6 kilomètres de Grenoble. Comme pour le précédent, on ajoute au lait de vache une petite quantité de lait de brebis ou de chèvre, qui contribue à la finesse, à la délicatesse du produit. Les pains ont 30 centimètres de diamètre, sur 10 de hauteur; ils pèsent de 6 à 7 kilogrammes.

Mont-Cenis. — Ce fromage se fabrique le long du plateau de Montcenis (Savoie) à des altitudes qui approchent quelquefois de 2.000 mètres. On le trouve aussi dans la Maurienne. Il se fait tantôt avec du lait de vache pur, tantôt avec des laits de vache, de brebis et de chèvre mélangés.

Comme pour le Cantal, une partie du caillé est convertie en tome, et laissée vingt-quatre heures à fermenter, puis pétrie avec du caillé frais pour faire le fromage.

Cette pratique a pour résultat d'obtenir plus facilement le bleu; ce à quoi on arriverait plus commodément par l'ensemencement avec le pain moisi.

Champoléon. — Le champoléon, appelé aussi *Queyras*, selon les centres de production, se fabrique dans les Hautes-Alpes avec des laits purs ou mélangés, mais en général trop écrémés.

Persillé de chèvre. — Le persillé de chèvre se rencontre dans les Alpes de Savoie, dans la région de Thônes et du Grand-Bornand; ce fromage est très bon, mais il est rarement bien réussi.

Passons maintenant aux imitations étrangères de Roquefort. Nous trouvons :

Le Gorgonzola. — Ce fromage se fait aux environs de Milan, en septembre et octobre, avec le lait non écrémé provenant des troupeaux, qui descendent des Alpes de Bergame pour passer l'hiver dans les plaines de la Lombardie.

Le Gorgonzola gras bien réussi est excellent et recherché des amateurs.

Le Sarrazin. — C'est un produit suisse de création récente. Se fabrique dans le petit bourg de Sarraz.

Le Schabzieger. — Celui-ci se fabrique dans les cantons de Glaris, d'Appenzel, des Grisons, etc. On le prépare avec du lait maigre : 100 kilogrammes de lait maigre donnent 10 à 11 kilogrammes de schabzieger.

Il existe encore quelques autres fromages façon Roquefort, tels le *Halstein*, fabriqué en Suède et en Danemark; le *Stiltan* et le *Chester*, qui sont d'origine anglaise, mais se fabriquent en grande quantité au Canada et dans l'Amérique du Nord.

IX

Avenir de l'industrie de Roquefort.

Tous les produits que nous avons nommés dans
le chapitre précédent font une concurrence
acharnée au fromage de Roquefort. Aussi les industriels du petit bourg aveyronnais doivent-ils unir
leurs efforts, pour maintenir les prix de vente et
partant les prix d'achat, et venir ainsi en aide à
l'agriculture de cette contrée dont la production
du lait est la seule ressource. Cet effort des négociants est à souhaiter d'autant plus que l'industrie
de Roquefort traverse depuis quelque temps une
crise grave.

Il faudrait, selon nous, diminuer en quantité la
production du lait et la restreindre aux régions qui
sont connues, par leurs pâturages, pour produire
un lait supérieur. Les fromageries ont bien l'avantage de fournir un fromage plus régulier et mieux
fabriqué, mais elles permettent aux petits propriétaires, qui ne pourraient fabriquer du fromage, en
raison du nombre restreint de brebis qu'ils pouvaient nourrir, de s'adonner maintenant à la pro-

duction du lait, qu'on accepte à la fromagerie en petite aussi bien qu'en grande quantité.

Il serait injuste cependant de rendre les fromageries uniquement responsables de la surproduction du lait. Avant leur création, en effet, la production du lait s'était étendue à des pays qui jusqu'alors ne s'étaient occupés que de l'élève. C'est ainsi qu'on est arrivé à fabriquer du fromage sur des terrains primitifs, tandis qu'au début on n'en fabriquait qu'avec du lait des plateaux calcaires qui avoisinent Roquefort.

Sur ces terrains calcaires dénudés, poussent en abondance, et presque exclusivement, des plantes aromatiques : thym, sauge, serpolet, qui contribuent dans une large mesure à la nourriture des troupeaux et donnent au lait un arome et un goût particuliers, qu'il communique au fromage.

En outre, les brebis qui paissent sur ces plateaux, dont l'altitude varie entre 500 et 800 mètres, s'y portent mieux et donnent un lait plus sain. Sans doute, le fromage fabriqué avec ce lait se retrouve dans les caves de Roquefort, mais, malheureusement, on y trouve aussi les fromages fabriqués avec le lait des brebis qui paissent sur les terrains primitifs, où croissent spontanément les ajoncs, les bruyères et les genêts. Et ces fromages de qualité inférieure déprécient l'ensemble.

L'augmentation du rayon de production et ensuite la création des laiteries ont contribué ensemble à produire surabondamment du fromage de bonne et de mauvaise qualité. La concurrence des contrefaçons venant à la rescousse, il en est résulté pour Roquefort, ainsi que nous l'avons dit plus haut, une crise commerciale qui n'est pas près de prendre fin, si on n'agit pas vite et énergiquement.

Comment remédier à ce fâcheux état de choses ?

Il faudrait d'abord, nous le répétons, restreindre aux bons produits la fabrication des fromages. On arriverait à cela en supprimant petit à petit les laits reconnus de qualité médiocre, provenant des brebis qui paissent dans les terrains primitifs. Les propriétaires de ces pays reviendraient peu à peu à leurs anciennes coutumes de l'élevage et ne souffriraient pas de ce changement. Il serait alors beaucoup plus facile de surveiller la fabrication dans les pays calcaires, où s'est toujours préparé le bon Roquefort, pour arriver à obtenir un produit parfait contre lequel la concurrence n'aurait plus pour ainsi dire aucune prise.

Cette sélection une fois faite, il serait bon de provoquer une augmentation de la consommation en fabriquant des pains de petites dimensions. Lorsqu'un fromage, en effet, est débité par fractions chez l'épicier, la partie qui reste à l'étalage périt plus vite qu'une pièce entière. Il en résulte pour l'épicier une perte dont la vente subit les conséquences. En outre, bien des ménages achèteraient un pain entier de Roquefort si, par ses dimensions restreintes, ce pain était facilement conservable.

Ces réformes sont-elles suffisantes pour enrayer la crise actuelle ? Non, tant que subsistera la fraude du lait. L'addition d'une matière quelconque au lait fait augmenter le prix de revient du fromage et, ce qui est pis, lui fait perdre de sa valeur réelle en dénaturant le produit. Il faut donc supprimer la fraude.

Le moyen ? Il est simple : qu'on paie le lait à sa juste valeur, en se basant sur sa richesse en caséine. On déterminerait la dose de caséine par une expérience pratique renouvelée souvent, puisqu'il n'existe pas de procédé chimique.

Pour fabriquer les 120.000 quintaux de fromage, qui s'affinent à Roquefort, il faut environ 26.500.000 litres de lait. Certainement les 3.500 producteurs environ qui fournissent ce lait ne sont pas tous malhonnêtes, mais il en est beaucoup, dans ce nombre, dont la conscience est trop élastique. Admettons, pour fixer les idées, que l'énorme quantité de lait employée pour la fabrication des fromages contienne 3 0/0 d'eau — ce chiffre est au-dessous de la vérité — cela représente 800.000 litres d'eau, soit, en comptant le litre à 0 fr. 20, une perte de 160.000 francs pour les négociants.

Encore ne tenons-nous pas compte, dans ce chiffre, de la dépréciation que le fromage subit par suite de l'addition d'eau.

Mais pour arriver à supprimer la fraude par le moyen que nous venons d'indiquer, la nécessité d'avoir des agents sûrs, experts en matière de fabrication de fromage, s'impose actuellement à Roquefort, où on n'est guère plus avancé sur ce chapitre qu'il y a cent ans. On a bien introduit l'usage du thermomètre, ce qui est déjà un petit progrès, puis l'usage des présures titrées du commerce et enfin tout récemment l'emploi des appareils les mieux perfectionnés pour le contrôle du lait ; mais tout cela n'indique pas, étant donné un lait de nature déterminée, la marche à suivre pour arriver à un bon produit.

La chose n'est pas aisée, car il n'est pas possible que nous sachions conduire d'une façon mathématique la préparation d'un fromage quelconque. Mais à Roquefort, on est plus empirique que partout ailleurs, autant pour la fabrication que pour l'affinage. On y a affaire à des individus, tous du pays, qui ont reçu des leçons par voie héréditaire, et il est bien difficile de les faire démordre de leurs principes, aussi absurdes qu'ils soient.

Le commerce du fromage de Roquefort, dont l'importance se chiffre annuellement par vingt millions de francs, vaut la peine qu'on se préoccupe de la situation qui lui est faite. Alors qu'on fait toutes sortes de sacrifices pour d'autres fromages, comme le gruyère, par exemple, on ne fait rien en faveur du Roquefort.

Pourquoi ne ferait-on pas à Roquefort ce qui se

fait dans d'autres pays? Pourquoi ne créerait-on
pas, dans le village même, une école de fromagerie ?

Il est à désirer que les négociants de Roquefort,
marchant avec le progrès, demandent au gouver-
nement ses secours éclairés, pour améliorer leur
vieille routine par la théorie devenue aujourd'hui
indispensable. Ils maintiendront ainsi dans le
monde, la vieille réputation, bien méritée, du fromage de Roquefort.

TABLE DES MATIÈRES

PARIS

IMPRIMERIE NOIZETTE ET Cⁱᵉ

8, rue Campagne-Première, 8